BOMBARDEMENT

DE SCHWEIDNITZ

PAR LES FRANÇAIS EN 1807.

PAR M. DE BLOIS,

chef d'escadron d'artillerie.

Avec plan.

PARIS

LIBRAIRIE MILITAIRE, MARITIME ET POLYTECHNIQUE

DE J. CORRÉARD

LIBRAIRE-ÉDITEUR ET LIBRAIRE-COMMISSIONNAIRE

rue Christine, 1.

1849

BOMBARDEMENT

DE SCHWEIDNITZ

PAR LES FRANÇAIS EN 1807.

BOMBARDEMENT

DE SCHWEIDNITZ

PAR LES FRANÇAIS EN 1807.

PAR M. DE BLOIS,

chef d'escadron d'artillerie.

Avec plan.

PARIS

LIBRAIRIE MILITAIRE, MARITIME ET POLYTECHNIQUE

DE J. CORRÉARD

LIBRAIRE-ÉDITEUR ET LIBRAIRE-COMMISSIONNAIRE

rue Christine, 1.

1849

BOMBARDEMENT
DE SCHWEIDNITZ

PAR LES FRANÇAIS EN 1807.

Mathieu Dumas ne donne aucun détail sur cette expédition ; mais le capitaine (depuis général) Marion, qui commandait l'artillerie du siége, a publié le *Journal des opérations de l'artillerie devant Schweidnitz* (1). Nous extrairons de ce mémoire des documents pleins d'intérêt, et qui jetteront un nouveau jour sur la manière dont on savait enlever les places au temps de l'Empire.

Peu de jours après la prise de Breslau, le général Vandamme, à la tête d'une division wurtembergeoise de neuf mille hommes, fut envoyé à Schweidnitz pour en faire l'investissement et s'emparer de cette forteresse. Son équipage de siége était composé comme il suit :

(1) Paris, CORRÉARD, 1842.

8 canons	de 24,		approvisionnés à 300 coups chacun.
9 id.	de 12,		» à 260 (1) » »
2 obusiers de 25 livres Stein,			» à 250 » »
6 id.	de 10	id.	» à 250 » »
4 mortiers de 50		id.	» à 200 » »
2 id.	de 25	id.	» à 200 » »

31

Le détachement de canonniers français, qui n'était que de 47 hommes, devait avoir pour auxiliaire le personnel des deux batteries de campagne de la division investissante. Telles étaient les ressources dont M. le général Pernety pouvait disposer, pour assiéger une ville illustrée en 1762 par une défense des plus énergiques, sous les auspices de Gribeauval, et dont les ouvrages avaient été depuis lors reconstruits et améliorés à grands frais. L'événemeut prouva que ces moyens d'attaque n'étaient pas trop faibles.

« La fortification de Schweidnitz ne ressemblant à « aucune autre, à cause de la forme de ses forts étoilés « dont les faces étaient si courtes qu'on ne pouvait les « ricocher, je me déterminai, dit le capitaine Marion, « à faire établir trois grandes batteries cotées 8, 9 et « 10 sur le plan des attaques.

« Le 30 janvier, à l'entrée de la nuit, on se rendit « aux points indiqués pour la construction des batte-« ries; mais, au début du travail, on trouva la terre

(1) On avait ainsi réduit cet approvisionnement par suite de l'expérience des siéges de Glogau et Breslau : comme la place de Schweidnitz était armée de canons de 12, on comptait sur un certain nombre de projectiles de ce calibre tirés des remparts, et que l'on aurait fait ramasser au delà des batteries. Cette prévision se réalisa.

« gelée sur une si forte épaisseur, que pour ménager
« les outils dont on était très-mal pourvu, on fut obli-
« gé de creuser verticalement des puits. Aussitôt que
« l'on était au-dessous de la croûte gelée, on s'éten-
« dait horizontalement autour de chaque trou pour
« en retirer les terres dont on avait besoin ; et quand
« l'emplacement des fossés était suffisamment déblayé,
« on cassait la croûte gelée, dont on jetait les mor-
« ceaux dans les merlons.

« Le commencement de ce travail fit un si grand
« bruit, que pour le couvrir et empêcher les assiégés
« de l'entendre, on fit venir deux obusiers wurtember-
« geois que l'on plaça à l'extrême gauche des attaques,
« d'où ils tirèrent toute la nuit sur la ville, et pour
« ainsi dire, sans direction utile, puisqu'ils n'avaient
« pas d'autre objet que de détourner l'attention des
« assiégés sur le bruit que faisaient les travailleurs
« avec leurs pioches.

« Ce moyen attira tellement l'attention des Prus-
« siens, que dès les premiers coups, ils ripostèrent en
« tirant comme nous au hasard ; mais sur un but en-
« core plus incertain que celui de nos obusiers ; auss
« leurs nombreux coups n'inquiétèrent nullement nos
« travailleurs, et ne produisirent qu'une très-grande
« consommation de munitions qui nous servit au-
« delà de toute espérance. »

Voici le détail de l'armement des batteries assiégeantes :

N° 8.
{
6 canons de 24, dont 4 dirigés sur la lunette n° 7, et 2 sur le fort n° 2 et la lunette n° 6.
4 obusiers de 10 livres Stein, pour ricocher tout le front 1 – 2.
2 mortiers de 50 livres Stein, pour tirer de jour sur les ouvrages, et de nuit sur la ville, afin d'inquiéter la garnison et surtout la bourgeoisie.
}

N° 9.
{
2 canons de 24,
1 id. de 12,
2 obusiers de 10 livres Stein,   } pour ricocher les ouvrages du front 3—4.
3 canons de 12, pour battre directement la lunette n° 6.
2 mortiers de 50 livres Stein, pour tirer de jour sur les ouvrages et de nuit sur la ville.
}

N° 10 (1).
{
5 canons de 12,
2 obusiers de 25 livres Stein,   } pour tirer de plein fouet sur le fort n° 2, sur la lunette n° 6, et ricocher tous les ouvrages du front 2 – 3.
2 mortiers de 25 livres Stein, pour lancer, en même temps que ceux des autres batteries, des bombes sur les ouvrages et sur la ville.
}

Ainsi, les six mortiers avec lesquels on allait bombarder Schweidnitz, ne devaient tirer que la nuit ; et l'on accordait à la bourgeoisie la journée tout entière, sans doute pour qu'elle pût, comme les habitants de Breslau, éteindre les incendies.

« Le 3 février, à midi, toutes les batteries étant « complétement armées et approvisionnées, le feu « commença au signal convenu, et on le continua « jusqu'à près de six heures du soir.

« Plusieurs magasins à poudre des remparts sautè- « rent, parce que l'on n'avait pas eu la précaution de « les garantir des ricochets, qui atteignirent aussi un

---

(1) Cette batterie était commandée par M. le lieutenant Bouteiller, aujourd'hui général de division.

« très-grand nombre d'affûts. Avant la nuit, l'assiégé
« souffrit tellement, qu'il fut obligé de suspendre ses
« coups, afin de pouvoir réparer ou remplacer tout
« ce qui avait été frappé.

« Le feu de la place, décuple du nôtre, ne fit pres-
« que aucun mal, et il n'y eut d'atteint que le chapeau
« d'un canonnier français, coupé par un boulet dirigé
« sur la batterie n. 10.

« *Nuit du 3 au 4 février*. Les mortiers tirèrent sur
« la ville depuis deux heures du matin jusqu'à six ;
« et pendant ce temps, ils consommèrent chacun seize
« bombes qui mirent le feu dans deux quartiers dif-
« férents.

« Le 4 février, à dix heures du matin, on recom-
« mença le feu qui fut continué jusqu'à la nuit. Des
« incendies se déclarèrent encore dans plusieurs
« quartiers de la ville, et le grand édifice voisin de la
« poste aux chevaux fut entièrement consumé. »

Comme les assiégeants ne bombardaient pas pendant le jour, on peut affirmer que ces derniers incendies étaient la suite du tir de la nuit précédente. Il
semble donc que les habitants eussent pu les éteindre
tout à leur aise. Mais ils redoutaient trop les projectiles, pour oser, malgré la facilité qui leur en était
laissée, mettre en pratique tous les moyens que d'Ar-
çon conseille d'employer en pareille circonstance.

« Pendant cette même journée, le feu de la place
« fut encore plus vif, et surtout mieux dirigé.

« *Nuit du 4 au 5 février*. Chaque mortier a tiré

« douze bombes, et ces projectiles ont déterminé de
« nouveaux incendies en plusieurs endroits de la ville.

« Le 5 février, le feu recommença dans toutes les
« batteries à huit heures du matin, et continua jusqu'à
« deux heures. L'arrivée du prince Jérôme ayant été
« annoncée, on suspendit le tir pour faire les répara-
« tions les plus urgentes, et donner encore plus d'ac-
« tivité aux coups pendant la présence de ce prince.

« *Nuit du 5 au 6 février*. La seconde bombe jetée
« par la batterie n° 10, mit le feu aux magasins près
« de la barrière de *Koppen;* et bientôt l'incendie de-
« vint si violent qu'il fut impossible de l'arrêter. Le
« tir des projectiles creux éloigna tous les secours que
« l'assiégé cherchait à apporter; et le vent soufflait
« avec tant de force que les troupes de la garnison qui
« étaient sur les remparts du front 1-2, entre le fort
« *Galgen* et le fort *Jauernick* abandonnèrent tout ce
« front, ce qui aurait été très-favorable à une esca-
« lade, si l'on eût pu prévoir un aussi grand désordre.»

Cette nuit fut la nuit fatale de Schweidnitz. Dans la
première, on n'avait lancé que 96 bombes sur la ville ;
puis 72 la veille, en cessant le tir pendant la journée.
Ce bombardement ne pouvait donc pas être signalé
comme terrible. Mais dans la nuit du 5 au 6, la ville
reçut 229 bombes et 409 obus : les assiégeants con-
sommaient en même temps 1,305 boulets de 24 et de
12. L'effroi dut être à son comble dans la place.

« Le 6 février, ajoute le capitaine Marion, le géné-
« ral Vandamme, informé par les nombreux déser-

« teurs arrivés la nuit que la garnison avait extrême-
« ment souffert du dernier jour de tir, vint aux bat-
« teries dès huit heures du matin, fit suspendre le feu,
« et somma aussitôt le gouverneur. Celui-ci ayant ad-
« mis le parlementaire, les hostilités cessèrent ; mais
« comme la reddition ne paraissait pas très-assurée,
« on remplaça dans les batteries tout ce qui n'était
« pas en état ; et pendant la nuit suivante la direction
« du parc fit compléter les approvisionnements.

« Le gouverneur, sachant tout ce qu'il devait re-
« douter de la bravoure du général Vandamme, qu'il
« voyait chaque jour se promener à cheval entre nos
« batteries et la place, et connaissant aussi, par le rap-
« port des habitants, la haute réputation que ce même
« général s'était déjà acquise en Silésie, devant Glo-
« gau et Breslau, ne rejeta pas entièrement les propo-
« sitions qui lui furent faites ; et le lendemain 7, il
« envoya à *Wurben* des commissaires pour continuer
« les négociations entamées la veille, et d'après les-
« quelles la place devait nous être remise, si elle n'é-
« tait pas secourue avant huit jours. La garnison, forte
« de plus de quatre mille hommes, manquait déjà de
« viande et de beaucoup d'autres denrées de première
« nécessité, perdues dans les incendies de la plupart
« des magasins, que l'on n'avait pas eu le temps de
« mettre à l'abri des bombes ; aussi cette garnison
« commençait à éprouver de si grandes privations
« qu'elle se trouvait dans l'impossibilité de faire une
« longue défense. »

La ville fut livrée aux Français le 15 février. Ils y trouvèrent 249 bouches à feu, 392 affûts et voitures d'artillerie, 200,000 kilogrammes de poudre, 250,000 projectiles, et de plus une très-grande quantité de munitions confectionnées que l'on utilisa dans les siéges suivants.

L'artillerie de la place tira plus de 64,000 coups pendant le blocus et le siége ; les Français ne consommèrent que 5,138 charges de tous calibres, et en furent quittes pour quelques affûts brisés. Cette conquête fut donc très-économique sous le rapport financier.

Le feu des ouvrages se concentrant sur les batteries, c'est là que les pertes en hommes durent être les plus considérables. En voici le relevé jour par jour :

DATES.	BATTERIES	DÉTAIL DES PERTES.	Bles-sés.	Tués.
3 février	»	Néant.	»	»
4 id.	N° 8.	Un canonnier fut blessé au bras par plusieurs éclats d'obus. . . .	1	»
		Un autre reçut de la terre dans les yeux.	1	»
	N° 9.	Un autre eut la tête coupée par un obus.	»	1
		Un autre eut la figure déchirée par un éclat de bombe.	1	»
		Un servant d'infan.erie eut la jambe emportée par un éclat de bombe.	1	»
	N° 10.	Un officier d'infanterie eut les deux jambes cassées par des éclats de bombe.	1	»
		Un canonnier eut le bras coupé et mourut de sa blessure.	»	1
5 id.	N° 8.	Un autre fut blessé mortellement.	»	1
	N° 9.	Deux autres furent atteints d'éclats d'obus.	2	»
		Un autre eut la jambe cassée par un éclat d'obus.	1	»
	N° 10.	Un autre fut blessé par un éclat de bombe.	1	»
		Un servant d'infanterie fut tué. .	»	1
		Totaux. .	9	4
		Total général. .		13

Que l'on compare ces pertes minimes à celles qu'eût entraînées un siége régulier, et l'on jugera si Bousmard a raison quand il prétend que les attaques méthodiques offrent le moyen de prendre les places avec la moindre perte possible pour l'assiégant (1).

Le tableau suivant que présente le capitaine Marion,

(1) *Essai général de fortification (Discours préliminaire).*

nous permet de faire un rapprochement qui n'est pas sans intérêt pour la cause que nous soutenons, et qui prouve, contre l'opinion du colonel John Jones, qu'il n'est pas toujours nécessaire d'avoir un matériel immense pour réduire une place en la bombardant.

Tableau comparatif des bouches à feu mises en batterie aux deux siéges de Schweidnitz.

DÉSIGNATION DES BOUCHES A FEU.	SIÉGE		OBSERVATIONS.
	de 1762.	de 1807.	
Canons { de 24	28	8	L'équipage complet de 1762 se composait de 106 bouches à feu.
de 12	29	9	
de 25	»	2	En 1807, l'équipage complet était de 68 bouches à feu, en y comprenant, 1° les 12 pièces de campagne de la division wurtembergeoise; 2° 25 bouches à feu de supplément envoyées à Schweidnitz par M. le général Pernety, et qui, étant arrivées après l'ouverture de la tranchée, restèrent en réserve et ne furent point utilisées au siége.
Obusiers { de 10	»	6	
de 7	12	»	
Mortiers { de 50	»	4	
de 25	20	2	
de 10	»	»	
Totaux	89	31	

« On voit, ajoute notre auteur, que l'artillerie mise « en batterie pour le siége de Schweidnitz, en 1807, « ne fut pas moitié de celle employée en 1762 ; aussi « les dernières attaques furent-elles bien différentes « des premières. »

Nous regrettons vivement de n'avoir pu donner sur

les divers faits militaires que nous avons passés en revue, des détails aussi complets que ceux dont nous sommes redevables au général Marion sur ce siége. Malheureusement les officiers d'artillerie qui se sont distingués dans les guerres de l'empire, nous ont laissé peu de documents sur leurs travaux. Il n'en sera plus de même à l'avenir ; et ce qui nous en fait concevoir l'espérance, c'est la récente publication des siéges d'Anvers et de Constantine par les soins du gouvernement.

Le vainqueur de Schweidnitz fut, comme on le voit, le héros des bombardements en Allemagne. Par l'habileté avec laquelle il sut tirer parti de ce moyen très-énergique de réduction, il réussit à nous procurer plusieurs forteresses importantes et contribua très-efficacement à la conquête de la Prusse. Aussi, ses talents militaires et sa valeur étaient-ils dignement appréciés à l'état-major général, et le prince de Neufchâtel n'hésitait pas à déclarer que *Vandamme valait à lui seul plus de trente mille hommes.*

Un ancien commissaire des guerres, au 9ᵉ corps d'armée, raconte sur cet officier général quelques particularités que nous aimons à reproduire, pour donner une idée exacte de son intelligence et de son savoir-faire.

« Il faut convenir que le siége de Schweidnitz a été « entrepris avec des moyens bien faibles ; mais on sait « que le général Vandamme était, comme militaire, « un homme vraiment remarquable. Il savait tirer

« grand parti des troupes qu'il avait sous ses ordres ;
« il joignait d'ailleurs à une grande perspicacité, à
« une hardiesse tempérée par la prudence, une ferti-
« lité inconcevable d'expédients, soit pour suppléer à
« ce qui lui manquait, soit pour en imposer à l'en-
« nemi...

    « Son génie inventif ne lui fit point faute dans le
« cours du siége. Il n'était pas probable que l'on par-
« vînt tout d'abord à éteindre le feu du front attaqué ;
« mais le général voulut essayer de contrarier le feu
« de l'artillerie ennemie, et il y réussit en plaçant des
« chasseurs exercés au tir de la carabine dans des trous
« creusés sur le glacis : on ne pouvait les relever que
« la nuit, mais ils désolaient les canonniers prussiens.
« Ce moyen, auquel il avait eu recours, à titre d'essai,
« devant Schweidnitz, fut employé ailleurs sur une
« plus grande échelle, et l'on en retira beaucoup
« d'avantages...

    « Après les divers incendies, on convint d'un armi-
« stice. Le général Vandamme retint l'officier prussien
« à déjeuner et ne manqua pas d'exagérer beaucoup
« ce qu'il appelait *ses moyens* ; c'était son mot favori.
« Il parla de quatre compagnies d'artillerie française,
« et il n'en possédait pas une entière. Cependant il
« avait donné secrètement des ordres pour faire réparer
« ses batteries et remplacer ce qui avait été endom-
« magé. Quand il fut informé que tout était en bon
« état, il proposa à l'officier parlementaire de s'assu-
« rer par ses yeux des moyens que nous avions pour

« réduire la place, et il le conduisit d'abord au grand
« parc, où il lui fit remarquer ses détachements d'ar--
« tillerie française. Il lui montra les piles de boulets qui
« avaient été recueillis par les soldats ou par les paysans
« derrière nos batteries, et qu'il comptait, disait-
« il, renvoyer dans la place ; enfin, dans un accès de
« franchise simulée, il lui offrit de lui montrer même
« ses batteries. L'officier accepta, et en arrivant il
« trouva les artilleurs qu'il avait vus au grand parc et
« que l'on avait transportés aux batteries sur des cha-
« riots ; pour lui, ce ne furent plus les mêmes. On lui
« fit remarquer le bon état des embrasures, des affûts
« et de tout le matériel. *C'est bien singulier*, disait l'offi-
« cier, *nous étions cependant persuadés que nous vous*
« *avions touchés ! — Vous voyez ce qui en est*, répliqua
« le général, *j'ai voulu que vous puissiez vous assurer*
« *par vos yeux de l'état des choses.* »

Le général Marion nous a mis à même de juger le
siége de Schweidnitz au point de vue de l'attaque. Pour
faire connaître à nos lecteurs cet événement sous un
autre aspect, nous allons rapporter ce que dit l'histo-
rien des guerres de Prusse au sujet de la défense.

« On avait une haute opinion de Schweidnitz, con-
« struite sur le penchant d'une montagne, et que sa
« position avancée rendait comme la clef des autres
« forts. Depuis la guerre de sept ans, Frédéric II n'a-
« vait rien épargné pour perfectionner les moyens de
« défense, et treize années avaient été employées en
« réparations et augmentations. Cette forteresse, dont

« il n'avait pu s'emparer lui-même qu'après un siége
« de neuf semaines, avait été mise en état de résister
« pendant neuf mois.

« Au moment où Schweidnitz fut menacée, elle
« n'était pas mieux préparée à la défense que Glogau
« et Breslau ; mais le séjour de l'ennemi devant ces
« deux villes fit gagner un temps précieux qu'elle mit
« à profit pour s'armer. La garnison, de deux mille
« hommes dans le principe, fut portée à sept mille ;
« le manque d'armes qu'avait occasionné le transport
« à Grandentz de celles que renfermait l'arsenal, fut
« réparé en partie par les bons citoyens et les gentils-
« hommes des environs, en partie par les lances que
« l'on fabriqua à la hâte ; il y avait d'ailleurs abon-
« dance de vivres et de munitions. Les habitants eux-
« mêmes manifestèrent beaucoup de bonne volonté.
« Mais, ainsi que dans tout le reste du royaume, les
« chefs manquaient de lumières et d'énergie, qualités
« que ni le rang, ni les menaces du souverain ne
« peuvent inculquer.

« Aussitôt que Vandamme se fut présenté devant
« Schweidnitz, dans la matinée du 10 janvier, on vit
« se répéter le même jeu qui avait eu lieu à Breslau.
« La sommation de se rendre fut rejetée avec hauteur ;
« les deux chefs, comme s'ils eussent voulu braver
« tous les dangers, se partagèrent la défense des ou-
« vrages ; les métairies des environs et le village de
« *Kletskau*, où les assiégeants étaient établis, furent
« incendiés par le feu des remparts ; l'artillerie ton-

« nait sans interruption, et l'on ne manquait pas de
« riposter avec usure aux coups peu nombreux de l'en-
« nemi. Les gens crédules prenant tout cet étalage
« de résistance au sérieux, se croyaient d'autant plus
« en sûreté, que l'on n'attaquait qu'avec tiédeur.

« Mais leur erreur fut de courte durée. On s'aper-
« çut, dans la matinée du 31 janvier, que l'ennemi
« avait profité de l'obscurité de la nuit et du bruit de
« l'artillerie pour pratiquer trois mines (1) et pour se
« préparer à l'attaque. Aucune tentative contre les
« ouvrages n'ayant réussi, *on se flattait que le grand*
« *éloignement de ses batteries ne lui permettrait pas*
« *d'atteindre les bastions et remparts, et d'y faire*
« *brèche.* Mais il montra, dans la matinée du 3 février,
« que son dessein n'était pas d'agir contre les fortifi-
« cations, mais contre la ville. Son feu dirigé sur elle
« pendant plusieurs jours y causa de grands ravages.
« Lui-même rétablissait promptement ceux de ses
« ouvrages que renversait l'artillerie des assiégés (2).
« A chaque instant on voyait éclater dans la ville de
« nouveaux incendies qui ne s'éteignaient, pour la
« plupart, que faute d'aliments, la crainte du danger
« empêchant les citoyens d'en arrêter les progrès. »

(1) Ces prétendues mines n'étaient autre chose que les trois puits,
dont nous a parlé M. Marion, et nous hésitons d'autant moins à con-
stater la méprise de Manso à ce sujet qu'il nous paraît impossible d'ad-
mettre que l'assiégeant ait eu l'idée d'entrer en galerie à quatre cents
mètres des saillants des chemins couverts.

(2) Il semblerait cependant, d'après ce passage, que la garnison
n'aurait pas voulu se laisser convaincre par le général Vandamme,
que les batteries françaises étaient restées intactes pendant le siége.

Voici donc d'une part, des bourgeois qui se montraient pleins d'ardeur pour la défense de leur enceinte, mais qui restaient immobiles d'effroi, quand ils voyaient le feu dévorer leurs maisons et la mort venir les chercher à domicile ; et de l'autre, une garnison qui, persuadée que l'ennemi ne voulait s'en prendre qu'aux remparts, se réjouissait déjà des difficultés qu'il éprouverait à ouvrir la brèche de si loin. Il est facile d'en conclure que le bombardement était pour tous un moyen imprévu et auquel ils n'opposeraient pas une sérieuse résistance. Aussi la capitulation ne se fit-elle pas attendre longtemps.

Mais si les Français (que nous supposons même mieux pourvus d'artillerie qu'ils ne l'étaient réellement) eussent voulu suivre dans leur attaque les errements de 1762, il est probable que les habitants, électrisés par les souvenirs encore récents de la gloire de leurs pères et sur le théâtre même de leurs exploits, eussent vaillamment secondé les efforts des défenseurs, et les assiégeants eussent sans doute mis plus de trois jours à se rendre maîtres de la place.

« Les chefs de la garnison firent valoir, dans le
« rapport adressé au roi, la résistance qu'ils avaient
« faite et l'impossibilité de tenir plus longtemps, quoi-
« que les faits mêmes démentissent ces assertions. Si,
« comme on le prétendit, l'artillerie légère manquait,
« cet inconvénient, dangereux seulement en cas d'as-
« saut, n'était cependant pas sans remède. On était
« d'ailleurs pourvu de tout ; les ouvrages étaient dans

« le meilleur état, et d'une telle force que l'ennemi, dans
« son admiration, les comparant à ceux de Luxem-
« bourg, ne les détruisit presque qu'à regret. »

Oui, sans doute, au moment du siége la place se
trouvait bien approvisionnée, et les remparts garnis de
canons semblaient défier l'ennemi. Mais trois jours de
feu avaient tout changé : les casemates étaient deve-
nues inhabitables, et les magasins, pour la plupart
réduits en cendres, n'offraient plus que des ressources
insuffisantes à la garnison. Si Manso ne nous le dit
pas, le général Marion nous l'affirme, et cet état de
choses contribua certainement à hâter l'instant de la
capitulation.

Il y a plusieurs conséquences à tirer de ce siége :

1° Le général Duvivier s'est trompé, quand il a posé
en principe que l'on devait se hâter de renoncer à un
bombardement qui n'aurait pas produit son effet dans
les vingt-quatre heures (1).

2° En lisant l'état des pertes en hommes devant
Schweidnitz, on acquiert la conviction que les projectiles creux sont les plus redoutables contre les batteries éloignées. On ne saurait donc mettre trop d'obusiers et de mortiers dans les places ; mais il faut savoir
les défendre, afin que l'ennemi n'utilise point ces
bouches à feu contre nos propres forteresses.

3° Si l'on veut qu'une enceinte soit efficacement
protégée par un système de forts détachés qui l'en-

____

(1) *Traité des bombardements*, 1ʳᵉ partie, page 80.

tourent, ces ouvrages doivent être établis assez loin des remparts pour que les bouches de l'assiégeant ne puissent tomber dans la place.

4° Faute d'avoir prévu le cas d'un bombardement, le roi de Prusse dépensa bien des millions en pure perte pour une forteresse qui ne devait résister que pendant trois jours au feu de l'ennemi.

Ce prince eût sans doute mieux fait d'employer son argent à construire dans la ville des magasins et des logements à l'épreuve de la bombe. Les magnifiques casemates de *Galgen*, *Jauernick* et *Schœnbrunn* étaient vues du dehors, et furent détruites en un instant par le feu des batteries françaises. L'artillerie de ces ouvrages ne pouvait être réellement utile qu'avant l'ouverture du feu de l'assiégeant.

On peut se demander si la dépense qu'occasionnent les constructions de ce genre, et la durée éphémère de leur rôle dans un siége, ne doivent pas en faire proscrire l'emploi d'une manière absolue. Il est d'une telle importance pour une place menacée d'un bombardement d'empêcher ou du moins de retarder l'établissement des premières batteries de l'ennemi, qu'il nous semble que l'on aurait tort de négliger, dans tous les cas, ce moyen de se procurer plusieurs étages de feux, sauf à retirer l'artillerie de ces voûtes, comme on retire une partie de celle des faces, quand les batteries assiégeantes ont commencé leur feu.

Ces massifs pourraient être utilisés d'une autre manière dans la suite du siége.

5° **M. Marion** admet que le commandant d'artillerie d'une forteresse doit régler les consommations journalières, pendant le siége, de manière à n'avoir au dernier jour de la défense que des munitions avariées ou hors de service. Ce principe est d'une justesse incontestable; mais l'embarras pour cet officier sera précisément de deviner quand arrivera ce dernier jour, et par quel moyen la place sera attaquée. Si, dans le but de ménager ses munitions pour la fin d'un siége qu'il suppose devoir être régulier, il permet aux ennemis de construire, sans trop de trouble, des batteries de bombardement; quelques jours, quelques heures même, peut être, vont suffire pour entraîner la reddition de la place; et il se trouve ainsi avoir ménagé des munitions pour les vainqueurs. D'un autre côté, qu'il fasse un feu terrible pour contrarier l'établissement de batteries destinées simplement à agir contre les remparts, il pourra se trouver à court de munitions, si le siége suit une marche régulière.

Un des objets du traité des bombardements est d'éclairer sur ce point les officiers d'artillerie, et de leur faire connaître l'étendue de leur responsabilité. C'est à eux maintenant, quand ils se trouveront chargés d'organiser la défense d'une place, à pénétrer, comme ils le pourront, dans la pensée de l'ennemi, et à régler leur conduite en conséquence.

LÉGENDE.

1. *Galgen-Fort.*
2. *Jauernick-Fort.*
3. *Garten-Fort.*
4. *Bogen-Fort,* près de la Westritz (non compris dans la feuille).
5. *Lunette avancée de Galgen-Fort.*
6. *Lunette de Jauernick.*
7. *Lunette de Schœnbrunn* casematée et ayant deux rangs de batteries.
8, 9 et 10. *Batteries assiégeantes.*

Typographie de H. V. de Surcy et Cie, rue de Sèvres, 37.

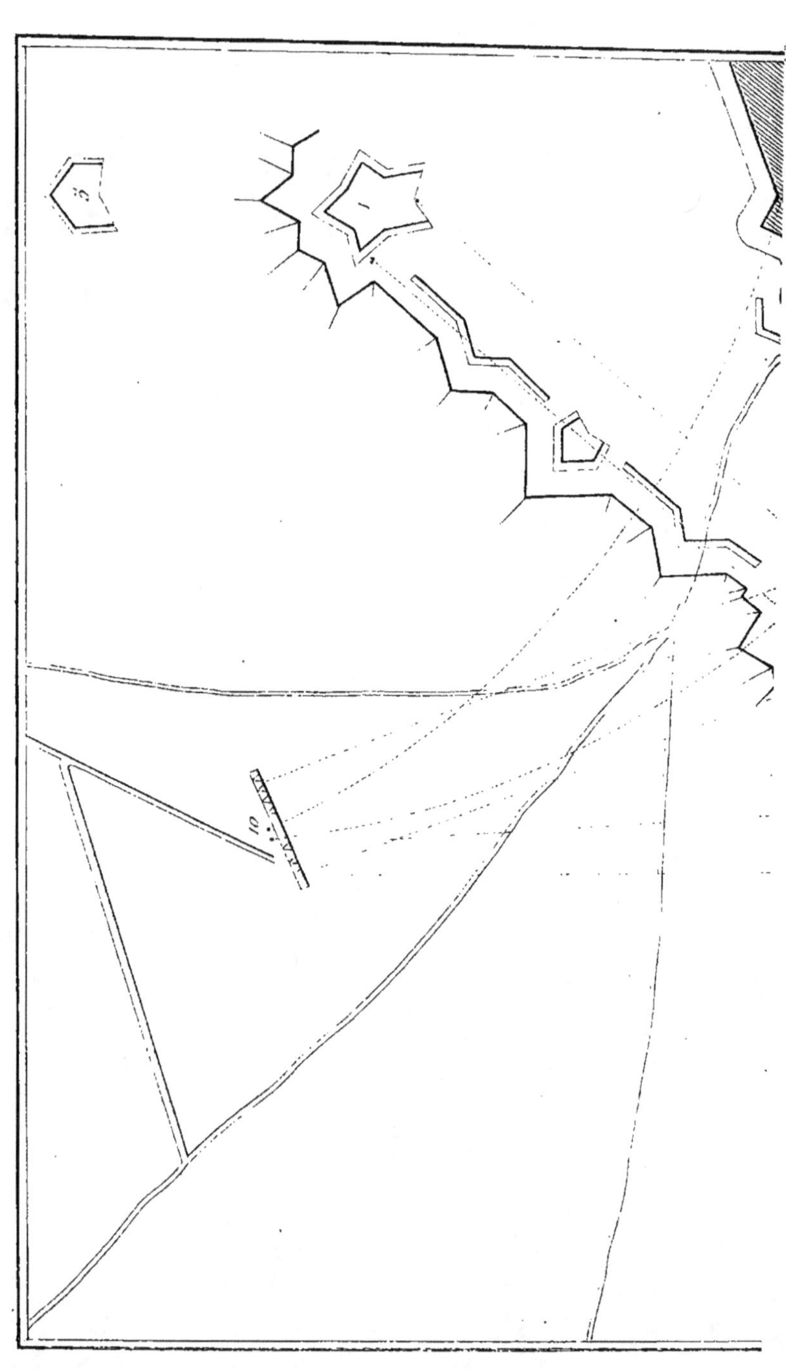

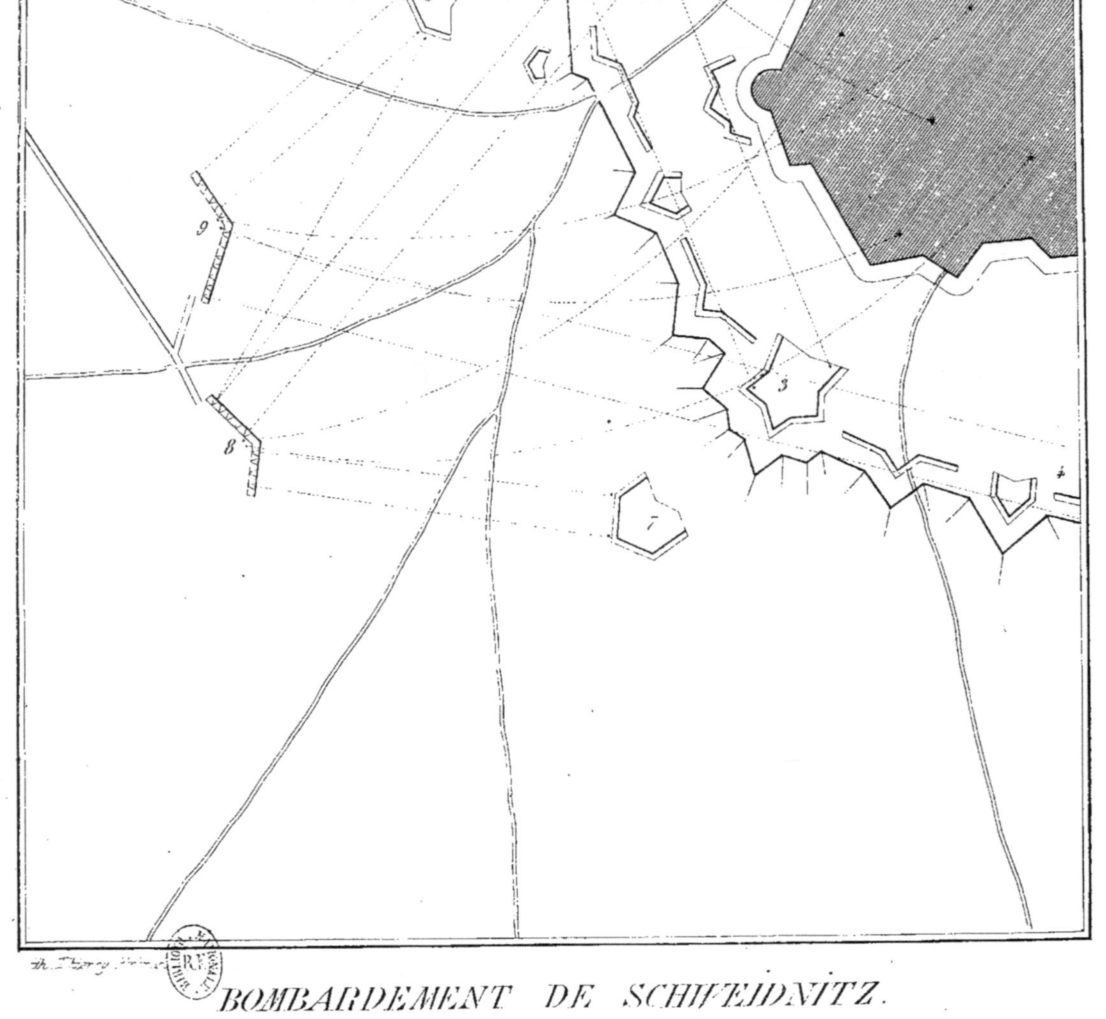
BOMBARDEMENT DE SCHWEIDNITZ.

OUVRAGE DU MÊME AUTEUR.

TRAITÉ

DES

BOMBARDEMENTS

1 vol. in-8° avec plans. — Prix : 7 fr. 50 c.

1848.

Paris. — Typographie de H. V. de Surcy et Cie, rue de Sèvres, 57.